वाक़िफ़

प्रियांशु गोयल

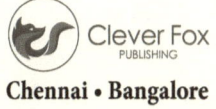

Clever Fox
PUBLISHING
Chennai • Bangalore

CLEVER FOX PUBLISHING
Chennai, India

Published by CLEVER FOX PUBLISHING 2023
Copyright © Priyanshu Goyal 2023

All Rights Reserved.
ISBN: 978-93-56482-54-8

This book has been published with all reasonable efforts taken to make the material error-free after the consent of the author. No part of this book shall be used, reproduced in any manner whatsoever without written permission from the author, except in the case of brief quotations embodied in critical articles and reviews.

The Author of this book is solely responsible and liable for its content including but not limited to the views, representations, descriptions, statements, information, opinions and references ["Content"]. The Content of this book shall not constitute or be construed or deemed to reflect the opinion or expression of the Publisher or Editor. Neither the Publisher nor Editor endorse or approve the Content of this book or guarantee the reliability, accuracy or completeness of the Content published herein and do not make any representations or warranties of any kind, express or implied, including but not limited to the implied warranties of merchantability, fitness for a particular purpose. The Publisher and Editor shall not be liable whatsoever for any errors, omissions, whether such errors or omissions result from negligence, accident, or any other cause or claims for loss or damages of any kind, including without limitation, indirect or consequential loss or damage arising out of use, inability to use, or about the reliability, accuracy or sufficiency of the information contained in this book.

"मेरे आने वाले कल के लिए,
मेरे आज की एक कोशिश।"

धन्यवाद

एक लफ़्ज़, दो पंक्तियाँ और कुछ जज़्बात बस इन्हीं से शुरुआत की थी, कुछ बीते दिनों पहले मैंने लिखने की, और खुश हूँ की अपने लफ़्जो को कविताओं के रूप में रखकर अपने ख़्याल व्यक्त कर लेता हूँ।

इन सबके लिए शुक्रिया, मैं उन यादों का करना चाहूँगा जो हम सबने मिलकर बनायी है, और अगर हमने कभी भी साथ मिलकर कुछ पल बिताये हैं, तो शुक्रिया आपका, मेरी इस किताब को लिखने में साथ देने के लिए।

'मुख़्तलिफ़'

1

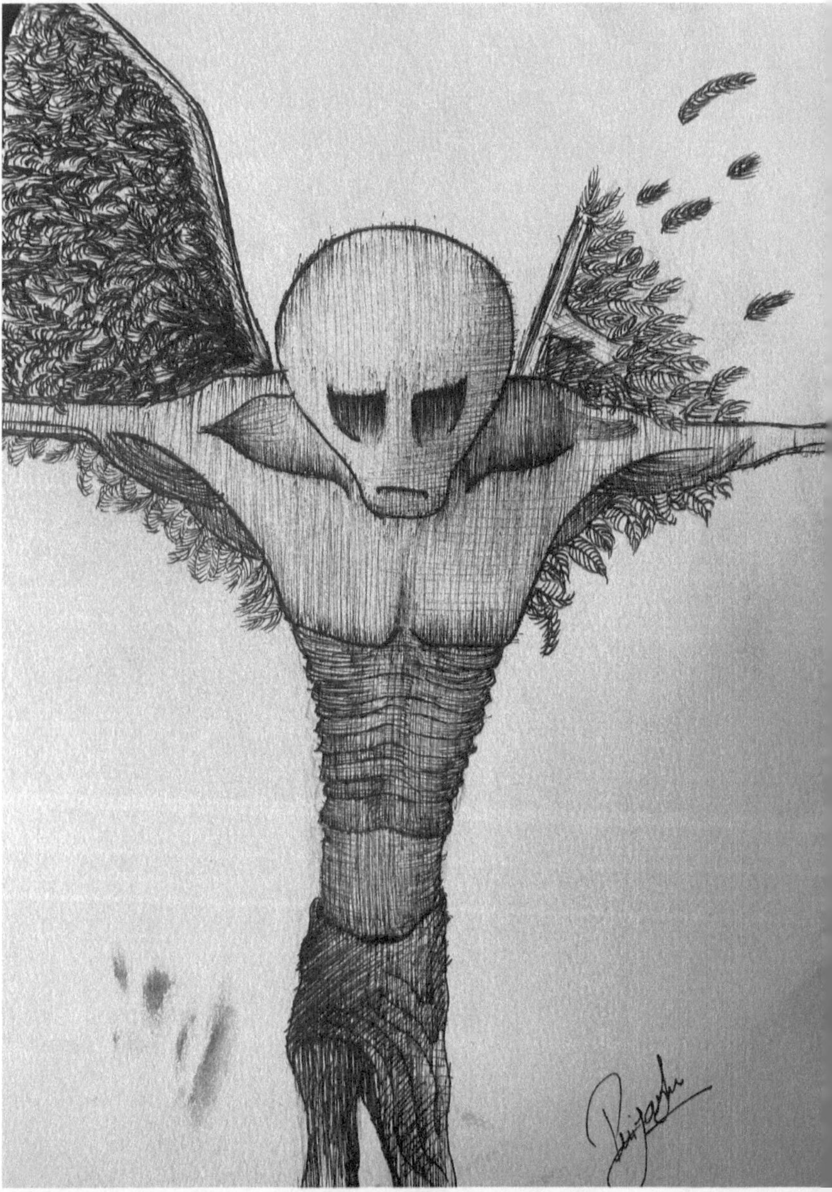

वाक़िफ़

ये पेड़ अब उसका घर नहीं,
और ज़मीन पे कोई जगह नहीं।
न समुंदर उसको अपनाए।
और नदियों से उसकी बनी नहीं।
दिन वो किसी पंख खोले,
ऐसी भी कोई ख्वाहिश नहीं।
बस मजबूरी सी है, ज़िंदा रहना,
ज़िंदा न होकर, ज़िंदा कहना।
और ताने कसे जो दुनिया सारी,
हँसते-हँसते सहते रहना।
पर जाने दो क्या जाता है?
हज़ार कहानी है,
एक और फ़साना है।
एक परिंदा ही तो है,
जो डरता है गिर जाने से।
एक परिंदा ही तो है,
जो घबराता है आसमानो से।

2

सो ज़ाओ तुम अब इन रातों को सुला कर,
मेरा इन सितारों से कुछ हिसाब बाक़ी है।

तुम जाओ इस महफ़िल से तुम्हारा यहाँ अब कोई
काम नहीं,
मेरे तो गिलास में अभी शराब बाक़ी है।

अश्क़-ए-कलम से कुछ शेर ही लिखे है, मैंने अभी,
लिखने को ज़िंदगी की, अभी एक किताब बाक़ी है।

अपनो की ख़ुशी महंगी पड़ रही है मुझको,
असल से ज़्यादा मेरे हिस्से का बियाज बाक़ी है।

3

राजा चादर तान सोया है,
जनता की आँख भर आयी है।
गाँव हुआ है खाक,
बात अब महल पर आयी है।
आफ़ताब की हरकतें है।
या जुगनुओं ने कोई साज़िश बिठाई है।

ज़रा पता लगाओ साहब ये आग आख़िर,
किसने लगायी है?

नदियाँ तालाब सब सूख चुके है,
बादलों ने भी सख़्ती दिखायी है।
दिल, दिमाग़, पैसा, वक्त,
सब हुआ है धुआँ-धुआँ।
बची है तो बस इज़्ज़त,
अब अगली बारी उसकी आयी है।

ज़रा पता लगाओ साहब ये आग आख़िर,
किसने लगायी है?

वाक़िफ़

जले है घर, खेत, दुकानें, जानवर सारे।
बस रह गये है, तो कुछ इंसान और दो मजहब,
नहीं तूने! नहीं तूने!
ये कह रहे है हम, ये कह रहे हो तुम।

असल में तो आग हम सबने मिलकर लगायी है।

4

एक तू है, एक तेरा ख़्वाब है!
और तेरे सामने ज़माना है।
जिसकी बातें करते है सब,
तुझे वो करके दिखाना है।
जंग नहीं कोई, जुआ है ज़िंदगी,
यहाँ अगर जीतना है,
तो सब कुछ दाँव पे लगाना है।

तू ना आसमान, ना चाँद, ना सितारा है कोई।
ना उस ख़ुदा से तेरा वास्ता है कोई,
और यहाँ कुछ है तेरा? तो अक्स है तेरा आइने में,
जिसके लिए तुझे कुछ बनके दिखाना है,
तुझे कुछ करके दिखाना है।

5

मैं, मैं नहीं, तू हो जाऊं।
मैं रहूँ तेरा कुछ यूँ, की तू हो जाऊं।

हज़ार तारों का हो,
एक चाँद जैसे।
रह के ज़मीन पे,
आसमान हो जाऊँ।
किसी पहाड़ सा अटल रहूँ,
या चंचल सी लहर हो जाऊँ।
और जो आंसू बन गिरूँ,
बारिश की बूँद जैसे,
मै दर्द तेरा,
मै ही तेरा मरहम हो जाऊँ।
मैं झुकूँ तेरे दर पे कुछ यूँ,
कि मैं तेरे दिल की दुआ हो जाऊँ।

मैं, मैं नहीं, तू हो जाऊं।
मैं रहूँ तेरा कुछ यूँ, की तू हो जाऊं।

तिरंगे का भगवा बनूँ?
या खूबसूरत सा हरा हो जाऊँ?

मेरा ईश्वर पूछे,
तेरे अल्लाह से।
मैं गीता बनूँ या क़ुरान हो जाऊँ?
जोड़ूं हाथ या झुकाऊँ सिर,
पूछूँ रब, मैं तुझसे बस,
ना रहूँ हिंदू, ना रहूँ मुसलमा।
मैं जो भी रहूँ,
बस इंसान हो जाऊं।
और जब तक ज़िंदा रहूँ,
तो इंसान रहूँ।
फ़िर जो मरुँ किसी दिन,
तो एक सोच हो जाऊं।

मैं, मैं नहीं, तू हो जाऊँ।
मैं रहूँ तेरा कुछ यूँ, की तू हो जाऊं।

6

इंसानो से न इश्क़ करो,
और समझो मेरी बातों को।
मेरे ख़्यालों को,
मेरे जज़्बातों को,
जो ढूँढो नींदे रातों में,
क्या समझोगे, क्या जानोगे
अपने उधड़े ख़्वाबों को।
ओह, पिंजरो के आज़ाद परिंदों,
दो आवाज़ें आसमानों को।
अपनी मंज़िल पर तुम कूच करो,
भूलों दिल-ए-दाग ख़राबो को,
जुगनू चले है साथ तुम्हारे,
छोड़ो चाँद सितारों को।
ओह, पिंजरो के आज़ाद परिंदों,
दो आवाज़ें आसमानों को।

7

कहानी में दफ़ना किरदार मेरा,
किरदार में दफ़न कई कहानी मेरी।

रिश्तों में दफ़ने,
फ़िर हम कुछ ऐसे।
दफ़नी वफ़ा, दफ़नी बेइमानी मेरी।
ज़िम्मेदारी ने दफ़नाए है,
ख़्वाब कुछ ऐसे।
वक्त तले दफ़नी है ज़वानी मेरी।

खोद के देखो तो पता चले,
लाश नहीं दफ़नी सिर्फ़ ज़मीन के अंदर,
दफ़नी है क़त्ल की हर निशानी मेरी।
दफ़ना है आँखों में,
दर्द कुछ ऐसे।
की दफ़नी है हर आंसू की रवानी मेरी।

दफ़न है अब,
तो दफ़न ही रहने दो।
दफ़न ही अच्छी है,
ज़िंदगानी मेरी।

कहानी में दफ़ना किरदार मेरा,
किरदार में दफ़नी क़ई कहानी मेरी।

8

जीत मिल जाती है किश्तों में,
बियाज हार से चुकाना पड़ता है।
ये क़ामयाबी भी क्या चीज़ है, यारों!
पराया कुछ पाने की ख़ातिर,
अपना सबकुछ गँवाना पड़ता है।

नहीं बन जाता है, समुंदर यूँ ही।
अम्बर से बारिश को,
नीचे आना पड़ता है।
जायदाद में, मिल तो जाता है पैसा।
पर वो क्या कहते हैं कि,
ईमान क़माना पड़ता है।

धर्म से हिंदू, मुस्लिम, सिख, ईसाई,
पैदा होते ही तो बन जाते है।
मगर जो जीना है,
दुनिया में तुमको।
तो अपने कर्मों से,
खुद को इंसान बनाना पड़ता है।

साथ ख़ुशियों का भी मिल जाता है,
बस दुखों को गले लगाना पड़ता है।
ये ज़िंदगी जाना जंग नहीं,
महज़ रिश्ता है, एक तेरा तुझसे।
जो दिल से निभाना पड़ता है।

9

नज़र हटा तू,
जाने दे।
ये दुनिया सबको,
डसती है।

दाँव लगा तू,
ख़्वाबों पर।
जिस्मों की मंदी,
सस्ती है।

आफ़ताब से जाना,
आँख लड़ा।
शोलों सी तेरी,
हस्ती है।

उठा कदम,
तू चलते जा।
वो आसमान,
तेरी बस्ती है।

डरे क्या बूँदा-बाँदी से,
लड़े तूफानो से,
जिसकी कश्ती है।

हँसेगा तू भी,
देखना एक दिन।
जैसे दुनिया,
तुझपे हंसती है।

10

ग़मों से कहाँ हारा?
उम्मीदों ने रुलाया था।
गिरता देख मुझे राहों पर,
एक अपना था, जो मुस्कुराया था।
एक अरसे बाद, मैं शहर आया।
रहा न कोई अपना, न कोई पराया था।
सर्द रातों में ठिठुर रही थी जिम्मेदारिया मेरी,
यूँ ही नहीं, मैंने अपना हर ख़्वाब जलाया था।
राख समेटी थी, जिन हाथों ने।
उन्होंने ही मेरा घर जलाया था।
बड़ा बेबस था, वो अक्स मेरा,
जो अपने ही क़त्ल पर मुस्कुराया था।

11

वाक़िफ़

उजाले की सिकस्त पर मुस्कुराने वाले,
दर पे मेरे दिया लाए हैं, घर जलाने वाले।

मुझे गिरता देख आँखें क्यूँ मींच लेते हैं?
मेरे दोस्त, मेरी जीत पे नज़र लगाने वाले।

ज़मीन पर गिरे पक्षियों से तालीम सँभल कर लेना,
आसमान के ख़्वाब दिखाते हैं, मोम के पंख लगाने वाले।

हाथ रंगे है तेरे भी खून से,
मेरी कब्र पर आंसू बहाने वाले।

कुछ जानवरों ने आज सवाल किया मुझसे?
क्यूँ सजर लगाते हैं, कुल्हाड़ी बनाने वाले।

12

वाक़िफ़

बेबसी तेरी, तू कुछ कर नहीं सकता।
दुश्मन तो बना लिया, पर लड़ नहीं सकता।

यूँ तो माफ़ कर दूँ, एक दफ़ा और तेरी मासूमियत देखकर।
पर दोस्ती पर कलंक एक और, साहब! मैं लगा नहीं सकता।

सिर झुका के बद-दुआ माँगना छोड़ दे तू कंजर्फ,
तेरा दोस्त बना था कभी, इस से ज़्यादा बर्बाद मैं हो नहीं सकता।

दुहाई भी क्या दूँ? मैं तो मौत पर तेरी।
जिसकी इंसानियत मर गयी हो, वो अब और मर नहीं सकता।

13

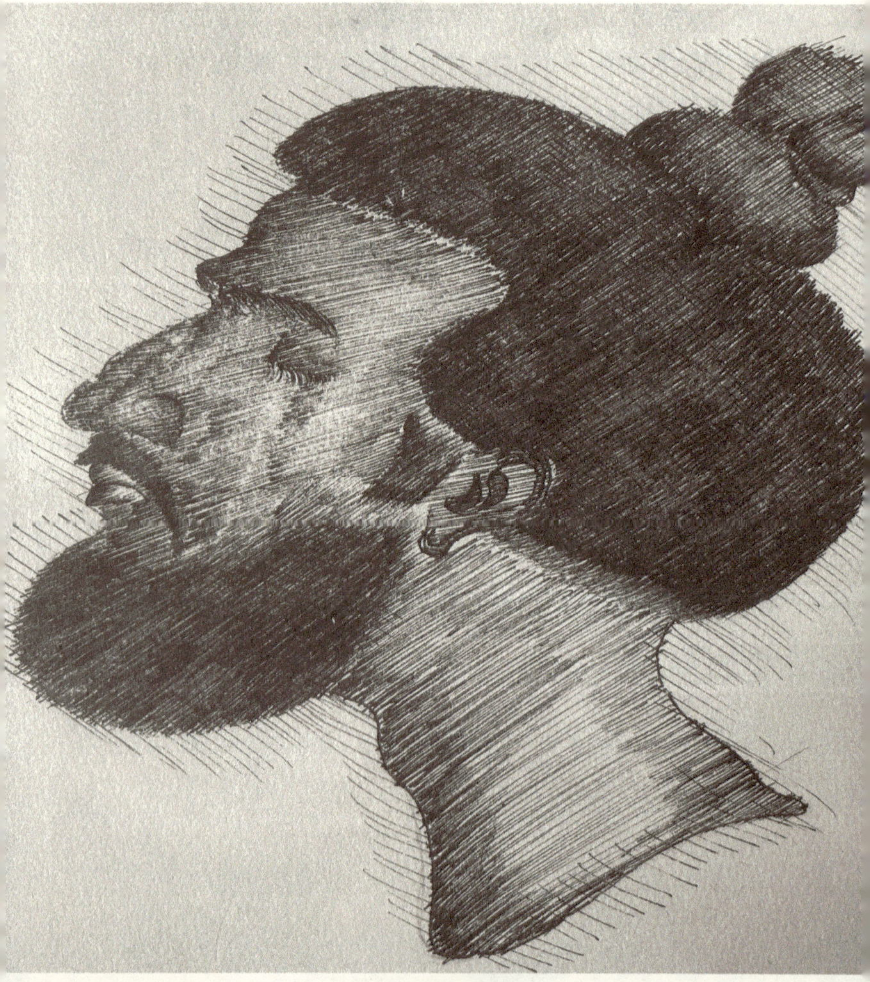

बाबा, उसकी सींचे माटी।
वो खेतों में बंदूक उगाता था।
जलियाँ वाला हत्याकांड उसे,
सारी-सारी रात जगाता था।
अखबारो में जिसके लेखों से,
अंगरेजो का तख़्त कंपकपाता था।

इस ग़ुलाम देश का एक बेटा था,
खुद को आज़ाद बताता था।

रोया लाला जी की मौत पर हर एक,
वो आँखो से लहू बहाता था।
छुपाते है, अपने अपराधों को सारे,
'सांडर्स की मौत का क़िस्सा'
लाहौर का बच्चा-बच्चा सुनाता था।
अंग्रेज जो उसे फ़िर पकड़ने आते,
हाथ बढ़ाके आगे, वो हथकड़ियों की खिल्ली उड़ाता था।

इस ग़ुलाम देश का एक बेटा था,
खुद को आज़ाद बताता था।

बहरा था क़ानून, अंगरेजो का।
इंसाफ़ को पैरों तले दबाता था।
बम फोड़ कर फ़िर सांसद में,

वह इन्कलाब का नारा लगाता था।
मौत से आख़िर डरता क्या वो?
जो चूम फाँसी का फंदा,
दिवानों जैसा मुस्कुराता था।

ना संत-महात्मा।
ना कोई पंडित था वो।
इस ग़ुलाम देश का एक बेटा था,
खुद को आज़ाद बताता था।

14

न पूछो हाल हमारा, इस हाल में नहीं हैं।
जीना छोड़ के मर जाएँ, इस हाल में नहीं हैं।

अपनो को फ़िक्र है, पराए तो यूही पूछ लेते हैं।
हालत दोनों को बता पाएँ, अभी इस हाल में नहीं हैं।

पल दर पल, करके कट रहे है ये दिन सारे,
पर काट ले एक उम्र, अभी इस हाल में नहीं हैं।

कुछ दिन पहले ही, धोखा खाया है हमने,
माँ को समझाओ, कुछ और खाने के हम हाल में नहीं हैं।

दर्द से मर रहे हैं, हर लम्हा हम साहब,
पर मौत को अपना लें, अभी इस हाल में नहीं हैं।

15

आफ़ताब की गुज़ारिश है,
उससे चाँद से नहीं मिलना,
ढले हर शाम,
उसे सुबह-सुबह नहीं निकलना।
कोई तो दो आराम उसे दफ़्तर से,
जलता रहा है, उम्र भर
एक दिन बस, उसे और नहीं सुलगना।
जुगनुओं को थमा दो,
ज़िम्मेदारी सवेरे की।
अब आफ़ताब की गुज़ारिश है,
उसे घर से नहीं निकलना।
एक दिन का आराम दो उसे,
आज सूरज को आलस आया है।
उसे आज काम पर नहीं निकलना।

16

वाक़िफ़

थोड़ी अच्छी तो, थोड़ी ख़राब छोड़ आया हूँ।
मैं उनके दर पर, यादें बेहिसाब छोड़ आया हूँ।

पहचान पाएँगे क्या, यार मेरे मुझको अब?
मैं अपना वो नक़ाब घर छोड़ आया हूँ।

काँटे से उगने लगे है, अब रिश्ते में हमारे,
जब से तेरे दरवाज़े पर मैं गुलाब छोड़ आया हूँ।

जिन्हें भूलने का इल्ज़ाम लगा है, मुझ पर साहिब,
मै महफ़िल में उनके नाम की शराब छोड़ आया हूँ।

दुःख बस इतना है, कि इंसानियत हार जाएगी अब,
मैं बेवक़ूफ़, धर्म की लड़ाई लड़ने, एक कसाब छोड़ आया हूँ।

17

ख़्वाब कामिल हो या नहीं,
मंज़िल मिले या नहीं,
मुझे ये मालूम नहीं।

बस इतना चाहता हूँ,
बरस रहे हों ये बादल इश्क़ बन कर।
और मैं कहीं कोई पेड़ की छाँव में न हूँ।
बस ख़ाली किसी सड़क पे चल रहा हूँ।
न किसी को पाने की ख़ुशी हो,
न किसी को खोने का ग़म।
बस एक संधली सी मुस्कुराहट हो,
चेहरे पर मेरे, और आँखो में चमक।

और जब मेरा आख़िरी पल आए,
तो कुछ ऐसे, ही बनकर आना।
मेरी ज़िंदगी अब मेरी चाहत न रहे।
मेरी मौत तू मेरा इश्क़ बन कर आना।
तू बारिश बनकर आना।

18

घर से निकलूँगा,
पर मंज़िल को मिलूँगा नहीं।
खो कर राहों पर,
मैं राहों को मिलूँगा नहीं।

शामिल रहेगा किरदार मेरा,
ज़हन में तुम्हारे,
पर कहानी में तुम्हारी,
मैं मिलूँगा नहीं।

सितारा बन चमकूँगा,
आसमानों में।
पर जिस दिन टूटा,
ज़मीन पर भी तुम्हें मिलूँगा नहीं।

कुछ इस तरह खोया हूँ,
मैं खुद को अंधेरे में।
ग़र दिया लेकर भी ढूँढोगे मुझे,
तब भी तुम्हें मै मिलूँगा नहीं।

वाक़िफ़

मैं एक किरदार, एक क़िस्सा,
एक कहानी हूँ।
लोगों की ज़ुबान पर मिलूँगा,
पर उनकी ज़िंदगी में तुम्हें मिलूँगा नहीं।

वक्त वे वक्त का मुसाफ़िर हूँ, मैं साहिब,
मुझे थोड़ा सोच समझ कर खोना।
इस वक्त तो मिल गया,
पर उस वक्त पे दुबारा मिलूँगा नहीं।

19

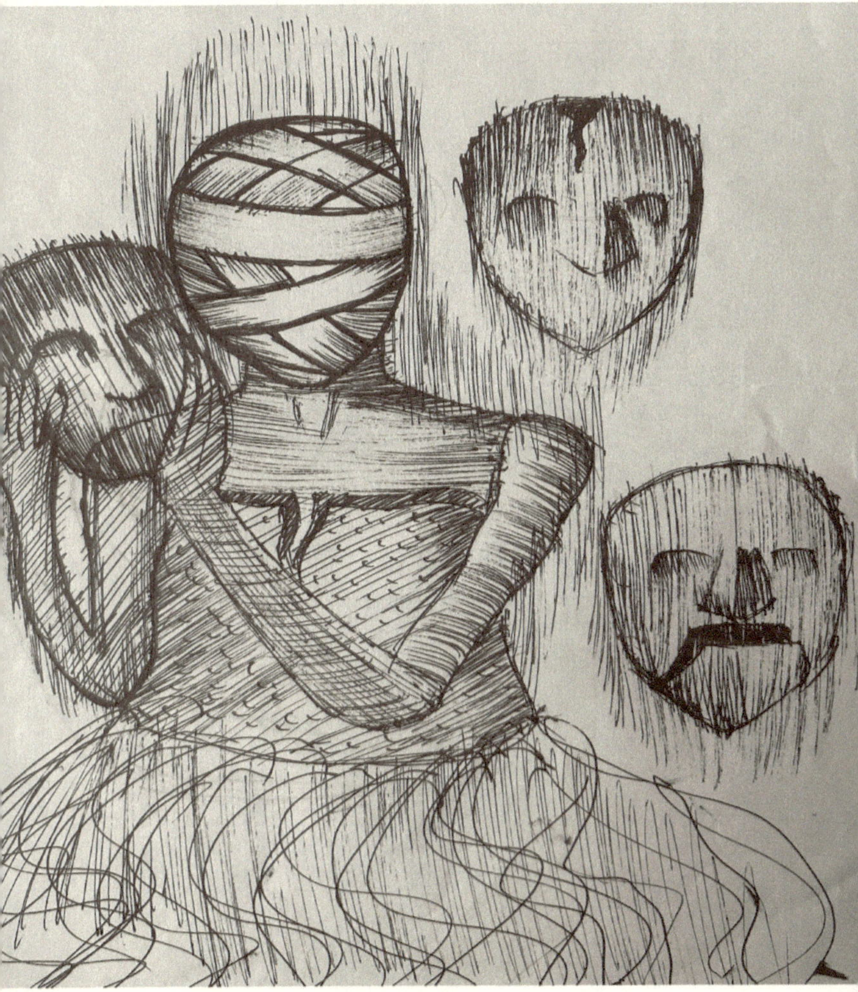

बरसात के मौसम में आँखे भिगोया करो,
चेहरा महरूम है तुम्हारा, अपना नक़ाब छुपाया करो।

बे-फ़िज़ूल हाथ उठाने का शौक़ रखते हो न, मर्दों पर।
एक-आध तमाचा अपने आप पे भी लगाया करो।

ये महबूब है, जो आँखें छुपा के बातें किया करते है।
मैं इश्क़ नहीं हूँ तुम्हारा, मुझसे निगाहें मिलाया करो।

ये जो तुम कहते हो, मज़हबी दरिंदगी से ख़तरा है मुल्क को,
इतनी चिंता है? तो सरहद पर खड़े हो कर देश बचाया करो।

ज़िंदगी जीने का सलीक़ा जानना चाहते हो?
अशकों की तरह मुस्कुराया करो।

20

मेरे ज़िंदा रहने पे एक सवाल आया है,
जवाब भी साहब बड़ा कमाल आया है।

समुंदर काँप उठा है, मेरे अश्क़ देखकर।
इन आँखों में ऐसा एक बवाल आया है।

अपनो ने दिल में जगह दी नहीं है मुझको,
गैरों के घरों में मुसाफ़िर ये बेहाल आया है।

कीचड़ की तारीफ़ें हो रही है ग़ज़लों में,
सायद महफ़िल में फूल कोई जमाल आया है।

बारिश की बूँदे क्या बुझाएँगी रुसवायी तेरी 'आतिश',
ख़ुद तुझे जलाने, खुदा का नहाल आया है।

21

है! अज़ान तेरी भी सुंदर,
जो कृष्ण की लीला अपरम्पारी है
है पिता तेरे, मौलवी मस्जिद के
तो अब्बा मेरे भी मंदिर के पुजारी हैं।
भगवा सिर चढ़के बोले है।
हरे से उसकी यारी है।
तिरंगा भी हमसे बनता है,
हमसे ही दुनियादारी है।

बहना मेरी चुन्नी ओढ़े,
जो अंग्रेज़ो से लड़ जाती है।
बहना तेरी पहन के बुरखा,
इस देश की लाज बचाती है।
एक दर्जी है, तेरी कौम का,
जो कुर्ते मेरे सिलता है।
एक हलवाई है, मेरी कौम का,
जो गरम जलेबी तलता है।

आज मास्टर को बोलो स्कूल के,
गीता क़ुरान साथ पढ़ानी है।
क्या मिलेगा लड़ के एक दूजे से,

वाक़िफ़

आंख तो भारत मां की नम हो जानी है।
जलूँ जो मै और दफना दें तुझको,
जान तो, देश खातिर ही जानी है।

आज मिटा देंगे फर्क धर्म का,
मिलकर हम दोनों ने ऐसी ठानी है।
न मै हिन्दू, न तू मुसलमान,
हम दोनों की क़ौम हिन्दुस्तानी है।

22

वाक़िफ़

लंका पति रावण।
मै दशानन, अहंकारी हूं।
राक्षस जात मेरी,
मै परम ज्ञानी,
रावण राज मै, त्रिलोकहारी हूं।

महादेव का भक्त मैं,
मै सर्व देवो पर भारी हूं।
जिसकी जुबान पर राम नाम,
उसकी सोच का मै वासी हूं।
हूं सीता हरनी मैं,
मै अधर्मी, अभिमानी हूं।
पर न हूं चोर,
न बलात्कारी,
मै इंसान नहीं हूं।
रावण राज मैं,
त्रिलोक हारी हूं।
तौल के देख तू मुझे,
जलाने वाले।
मैं अच्छे कर्मो में,
अभी भी तुझसे भारी हूं।

लंका पति रावण।
मै दशानन, अहंकारी हूं।
राक्षस जात मेरी,
मै परम ज्ञानी,
रावण राज मै, त्रिलोकहारी हूं।

23

खरीद नहीं पाया दूध को तो,
मंदिर की नालियों से चुरा लिया।
सड़क पे पड़ी सड़ी सब्जी को,
उसने अपने बच्चो को खिला दिया।।
जो फिर भी न पेट भर पाया उनका,
कहानियां सुना अनूठी सी,
पिता ने अपने बच्चों को सुला दिया।
आज कुछ इस तरह एक गरीब ने,
अपने परिवार की भूख को मिटा दिया।।

जो दिखी रोटी उस जानवर के मुंह में,
पत्थर मार उसने उस रोटी को छिना लिया।
घर के बाहर पड़े उस कूड़े में से,
एक पिता ने झूठा खाना भी उठा लिया।।
कम न पड़ जाए जो वो खाना कहीं,
'मुझे भूख नहीं है ' कहकर वह मुस्कुरा दिया।
आज कुछ इस तरह एक गरीब ने,
अपने परिवार की भूख को मिटा दिया।।

झूठ बोलकर वह अपने मालिक से,
कपड़ों में एक रोटी को छुपा लिया।।

टुकड़े करके उस रोटी के छोटे-छोटे,
उसने पानी बच्चो को ज्यादा पिला दिया।
बेबसी फिर भी न मिटा पाया जो,
आंसू छुपा, एक पिता ने अपने बच्चो का गला दबा दिया।
आज कुछ इस तरह एक गरीब ने,
अपने परिवार की भूख को मिटा दिया,
अपने परिवार की भूख को मिटा दिया।।

24

चलो आफ़ताब के लिए आफ़त रखी जाए।
उसको बुझाने के लिए एक ताक़त रखी जाए।

तूफ़ान आए हैं, यहाँ तो तबाही मचाएँगे ही,
उनको नज़रंदाज़ करने की एक आदत रखी जाए।

ये समुंदर अब किनारों तक आने लगे हैं,
बस्तियाँ बचाने के लिए एक इबादत रखी जाए।

बेईमान ये इंसाफ़ माँगते हैं, कोई इनको बताओ,
चोरों के शहरो में कैसी सियासत रखी जाए।

वो आँसू लेकर आए इश्क़ का कारोबार करने,
अब कोई तो बताओ दिल की कैसे हिफ़ाजत रखी जाए।

25

कुछ पत्थरों को उछाल कर सितारा बना दिया।
देख आसमान मैंने कैसे तुझे बेचारा बना दिया।

कश्तियाँ डुबाने की साज़िश थी समन्दर की,
मैंने भी जहां कदम रखा वहाँ किनारा बना दिया।

उस रोशनी को पाने की ज़िद में ही सही,
पर मैंने इन अँधियारों को अपना दुलारा बना दिया।

जगमगा उठी ये ज़िंदगी पूरी तरह,
मैंने तो बस अपनी मुश्किलों को शरारा बना दिया।

बग़ाबत तो उस आफ़ताब ने शुरू की थी,
मैने तो बस जुगनुओं को एक सहारा बना दिया।

मंज़िलो ने जो रोकने का तरीक़ा सीखा,
मैं भी मुस्कुराया, और खुद को मुसाफ़िर से आवारा बना दिया।

26

लिखे थे कुछ गीत ऐसे, जो गुनगुनाए न गये।
कुछ ग़म ऐसे भी थे पास मेरे,
जो कभी किसी को बताए न गए।
मज़ाक़ भी अच्छा ख़ासा कर लेती है, ये ज़िंदगी मुझसे,
जिसने याद न किया हमें एक पल को भी,
वो हमसे कभी भुलाए न गए।
ओढ़ ली एक चादर मैंने भी मुस्कुराहट की,
पर कुछ आंसू ऐसे भी थे, जो मुझसे छुपाए न गये।
और एक सच कहूँ? कल सुला आया था कुछ ख़्वाब अपने,
रातों के तले, पर सुबह हुई तो पता चला,
कुछ ख़्वाब ऐसे भी थे, जो सुलाए न गये।

27

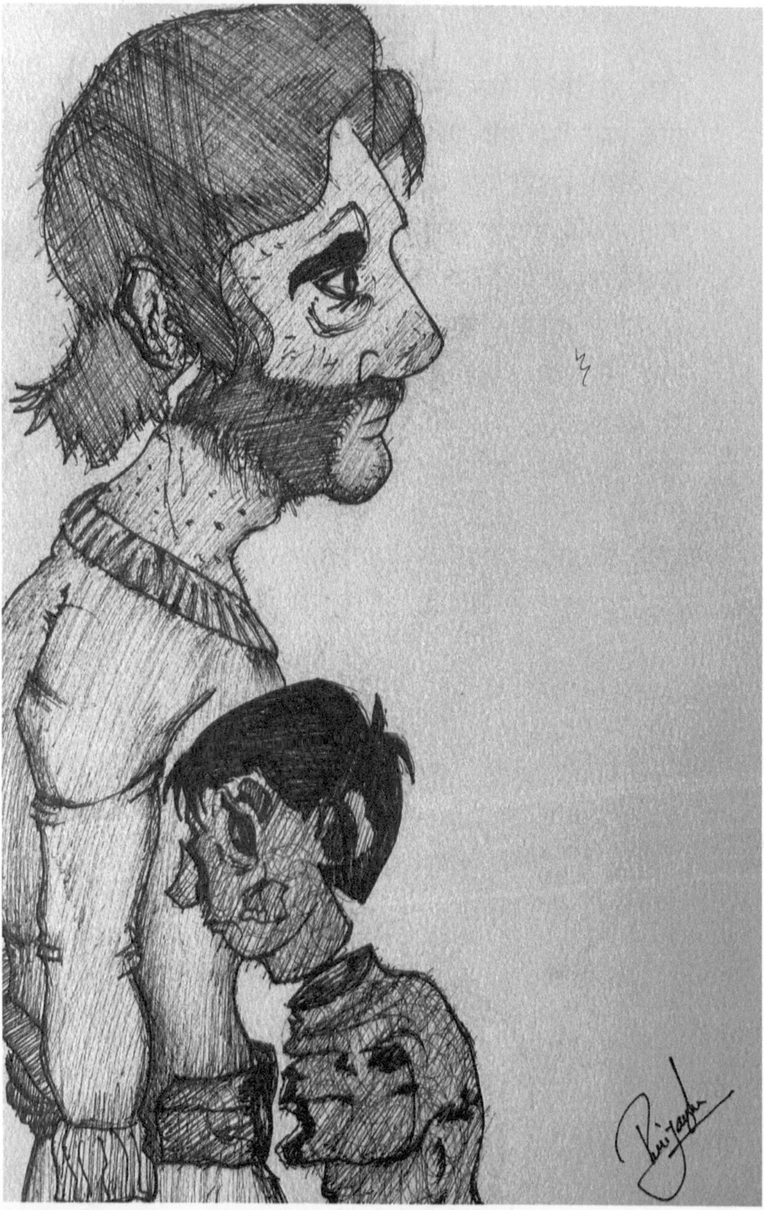

वाक़िफ़

वो धुंधली सी यादें है।
ये चश्मा आज भी साफ रखा है।
बाल न सफेद होने पाए तेरे कभी,
एक रंग वो काला अपने साथ रखा है।
हकीकत बने मेरी, यह किरदार तेरा,
जेहन में अपने ऐसा एक स्वभाव रखा है।

हां! बाबा,
मैंने कुछ ऐसे तुझे अपने पास रखा है।

गुस्से को तेरे मैंने आज भी,
अपने लहजे में संभाल रखा है।
वे सीखें न भूल पाऊँ कभी,
तेरा दिया हुआ हर तमाचा मैंने याद रखा है।
रोया तू भी है फिक्र में मेरी,
इस राज को मैंने बस एक राज रखा है।

हां! बाबा,
मैंने कुछ ऐसे तुझे अपने पास रखा है।

जूते मंहगे, ये शान नहीं अब मेरी,
जब से तेरी चप्पलों में अपना मैंने पांव रखा है।
उड़ाए हैं पैसे तेरी कमाई के हज़ारों,
एक सिक्का अपनी मेहनत का तेरे लिए संभाल रखा है।

वाक़िफ़

झुका हूं कदमों में दफा हज़ारों मै,
जो गले लगा पाऊँ कभी तुझे, ऐसा एक ख्वाब रखा है।

हां! बाबा,
मैंने कुछ ऐसे तुझे अपने पास रखा है।

‘ख़लिश’

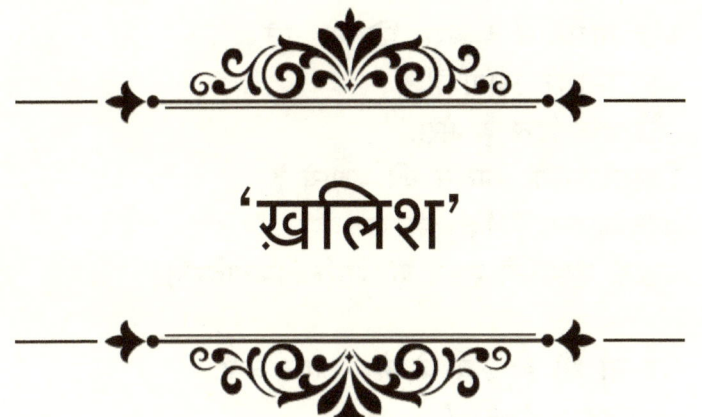

1

ये जो रिश्ता है।
ये जो वादे हैं।
ये जो दुआएँ हैं।
ये जो वफ़ाएँ है।
एक आसमान है मेरा, जिसमें तूने
चाँद सितारे उगाएँ है।
और एक दिल है मेरा,
जिसमें समी, फ़ालतू की बलायें है।
कौन कहता है कि हम एक हैं?
मुझसे पूछो तो सारी की सारी अफ़वाहें हैं।

पर जो भी है, अब वो मेरा आज नहीं,
न इश्क़ जूता तेरे पैरों का
और ये मोहब्बत, मेरे सिर का ताज नहीं|

तुझसे कम या ज़्यादा का मसला क्या होना,
तू इश्क़ था, एक पल को बस,
और मेरी कहानी में इससे ज़्यादा!
तेरा कुछ काम नहीं|

वाक़िफ़

तू रहना खुश अपनी उलझनों के साथ,
मैं बहलूँगा कुछ अश्क़ सादगी के साथ।
और ग़र तू कुछ बनना भी चाहे मेरा,
तो मेरा बीता हुआ कल बन जाना।
क्यूँकि मेरे आने वाले कल में,
क़िस्सा शायद रहे तेरा,
पर इस दिल में तेरा नाम नहीं,
मेरी कहानी में, तेरा कुछ काम नहीं।

2

थोड़ा हो चुका हूं।
थोड़ा होना बाकी है।
मुझे अभी तेरा,
या सिर्फ तेरा होना बाकी है।
पल तेरा मैं,
तू वक्त मेरा सारा।
मेरे इस आज को अभी,
तेरा कल होना बाकी है।
एक वो मुसकुराहट है तेरी,
कुछ ये आंसू है मेरे।
बारिश में सूरज की किरण से बने।
वैसा कुछ हमारा,
इन्द्रधनुष होना बाकी है।
तेरे जज्बात मिले, मेरे लफ्जों को
तो कोई गीत बने।
अभी हमारा संगीत होना बाकी है।
थोड़ा सा तू अधूरा है,
थोड़ा मैं हूं शायद।
संग मिलके अभी पूरा होना बाकी है।

वाक़िफ़

ज्यादा कुछ ख्वाहिश तो नहीं मेरी,
बस हम संग हो जाएँ।
मेरे लिए बस इतना काफ़ी है।
बस इतना काफ़ी है।

3

मिली थी निग़ाहे, मिले थे हम।
मिला था समंदर किनारे से।
कोई साज़िश थी हमारे संग,
या क़िस्मत के किसी बहाने से।

फ़िर मिले जो हम, न जुदा हुए।
हम मिलकर लड़ें जमाने से।
न रहे इंसान न ख़ुदा हुए।
क़िस्मत के किसी बहाने से।

बड़ी फ़िर बातें, बड़ा ये संग।
दिलों में गीत बाजे अनजाने से।
मैं और वो फ़िर हो गये हम,
क़िस्मत के किसी बहाने से।

हंसे कुछ पल, फ़िर वही ये आँखें।
खुद से खुद ही हुए बेगाने से।
कोई तरकीब थी क्या तक़दीरों की?,
या क़िस्मत के किसी बहाने से।

फ़िर जुदा हुए, क्या जुदा हुए।
लबों पे जैसे दुआ हुए।
दिल टूटा, हुई ये आंख़े नम।
फ़ैसला था हम दोनों का,
या क़िस्मत के किसी बहाने से।

4

एक किताब लिखी तूने थी, जाना।
एक किताब मैं, जाना आज लिखूँ।
लिखूँ मैं आफ़ताब की किरणें,
तुझको छूती हुई हर उस बारिश की बूँद का एहसास लिखूँ।
मैं लिखूँ तेरे काले बालों को,
जैसे रेशमी कोई लिबास लिखूँ।
लिखूँ मैं जब चाँद सितारों को,
तो तेरी आँखों का अन्दाज़ लिखूँ।
और जब आऊँ तेरे होंठो पर,
तो फ़िर खिलता कोई गुलाब लिखूँ।
मुस्कुरा के फ़िर, जो मुझे तू देखे।
तब जाकर मैं पूरा संसार लिखूँ।
कोई पूछे मुझसे ये इश्क़ क्या है?
मैं बस तेरा ही तेरा नाम लिखूँ।

लिखूँ मैं हमारी हर मुलाक़ात को,
तेरा, मेरे हाथों को थामने का एहसास लिखूँ।
मेरी क़लम रुके फ़िर कंपकपाए,
आगे कुछ लिखने से पहले सहम सी जाए।
जब भी मैं तेरे आँसुओ की सौग़ात लिखूँ।

मैं लिखूँ ज़िंदगी पूरी अपनी,
फ़िर लकीर खींचे अनेखों जैसे,
मैं लिखा हर लफ़्ज़ काट दूँ,
और फ़िर तेरा नाम लिखूँ, यूँ ही बस लिखता रहूँ।
फ़िर रुकूँ जब वो आख़िरी पन्ना आए,
उसको फ़िर खुद की तरह,
सारा का सारा ख़ाली छोड़ दूँ,
लिख के, एक आख़िरी दफ़ा नाम तेरा,
मैं क़लम ये अपनी तोड़ दूँ,
इश्क़ देकर ये नाम तुझे,
मैं इश्क़ करना छोड़ दूँ।

5

मुस्कुरा उठे,
झूम के बारिश में तन्हाई की।
खुशी हुई दरबदर,
गमों ने कुछ यूं अंगड़ाई ली।
बड़ी अजीब कश्मकश में थे हम।
खुली आंखों से तस्वीर जो देखी,
बंद निग़ाहों को साफ दिखाई दी।
एक बार और फिदा हुए हम तुझपे,
एक बार और हमने खुद से बेवफ़ाई की।

6

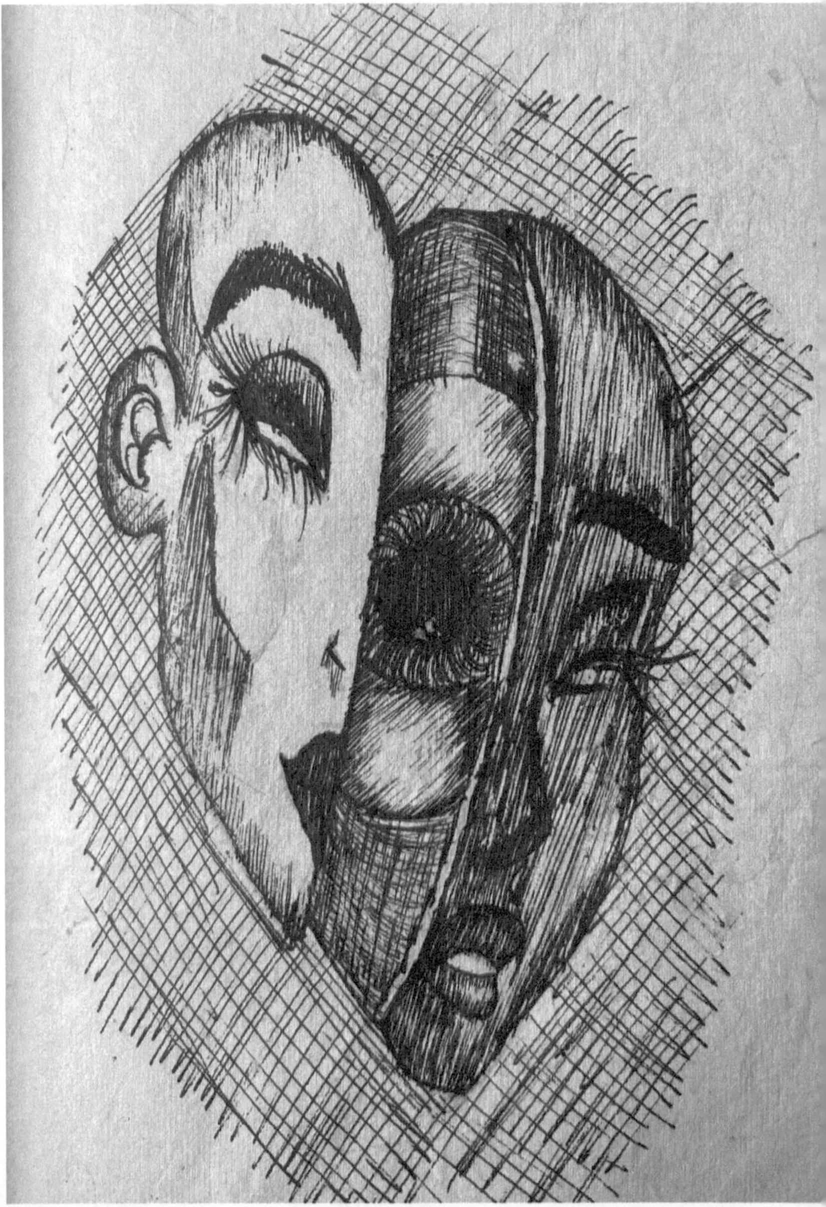

वाक़िफ़

चेहरे पे नक़ाब लगाकर मिलेंगे,
हम तुम्हें अब मुस्कुरा कर मिलेंगे।

तुम लेने आओगे जो अब जान हमारी,
तो क्या हम ये सिर झुका के मिलेंगे?

वो दिन गये हमारे आशिक़ी वाले,
अब तुम्हें तुम्हारी औक़ात दिखा कर मिलेंगे।

दिल लगाकर बहुत मिल लिए तुमसे जाना,
अब थोड़ा सा हम दिमाग़ लगाकर मिलेंगे।

मिलने की एक आख़िरी शर्त यही होगी हमारी,
अब अगर मिले तो आँखें मिलाकर मिलेंगे।

7

क़ुछ का कुछ और ही बताया था,
हमने उसको अपनी बर्बादी का क़िस्सा क़ुछ और ही बताया था।

हम क़ुछ और ही थे असल में,
आईने ने तुम्हें कुछ और ही बताया था।

एक तुम थी, एक मैं था, एक हम हुआ करते थे,
मगर क्या थे असल में, ये दुनिया को क़ुछ और ही बताया था।

तू गयी थी, ये बोलकर कि हमारी जात अलग है।
तेरे दोस्तों ने तेरी जाने की वजह कुछ और बताया था।

दिल ख़रीदने की औक़ात नहीं थी तुम्हारी,
वो तो हमने तुम्हें दाम कुछ और बताया था।

उसने पूछा था, ये सब किसके लिए लिखते हो, 'रियांश'
हमने भी मुस्कुराकर उसे कुछ और बताया था।

8

ये इश्क़, मोहब्बत, प्यार की बातें।
तुम मुझसे न ही करो इश्क़-ए-बेक़ार की बातें।

मर जाओ तुम, यही मर्ज़ है तुम्हारा अब।
दिन भर जो करते हो इश्क़-ए-बीमार की बातें।

इनकार भी न मिला हमें तो इज़हार करके,
और तुम हमसे करते हो इकरार की बातें।

बिका है जिस्म, बिका है ज़मीर उस शख्स का।
फ़िर भी हमसे करता है, ऐतबार की बातें।

जहान उजाड़ के चला गया जो महबूब मेरा,
वो आया है वापस करने घरबार की बातें।

हमारे दर्द का शौक़ रखते हो, ये मालूम पड़ता है।
तभी तो करते हो हमसे अपने दिलदार की बातें।

9

बारिश की बूँदे मिले समुंदर से,
और कामिल हो जाए।
मैं नहीं चाहता, तेरे मेरे इश्क़ को,
ऐसा कोई मुक़ाम हासिल हो जाए।
अधूरा ही रहूँ मैं, तेरी तरह।
अधूरी सी रहे हमारी ये कहानी सदा।
पर हो मुकम्मल सारी, ख्वाहिश हमारी।
तू आए जब अपनी बाल्कनी पर,
मैं जो अपनी साइकल से तुझे देखने।
और इस इंतज़ार की घड़ी में,
यूँ ही ही कहीं हम क़ैद हो जाएँ।
काश! हमारी ये ख्वाहिश अधूरी रह जाए।

10

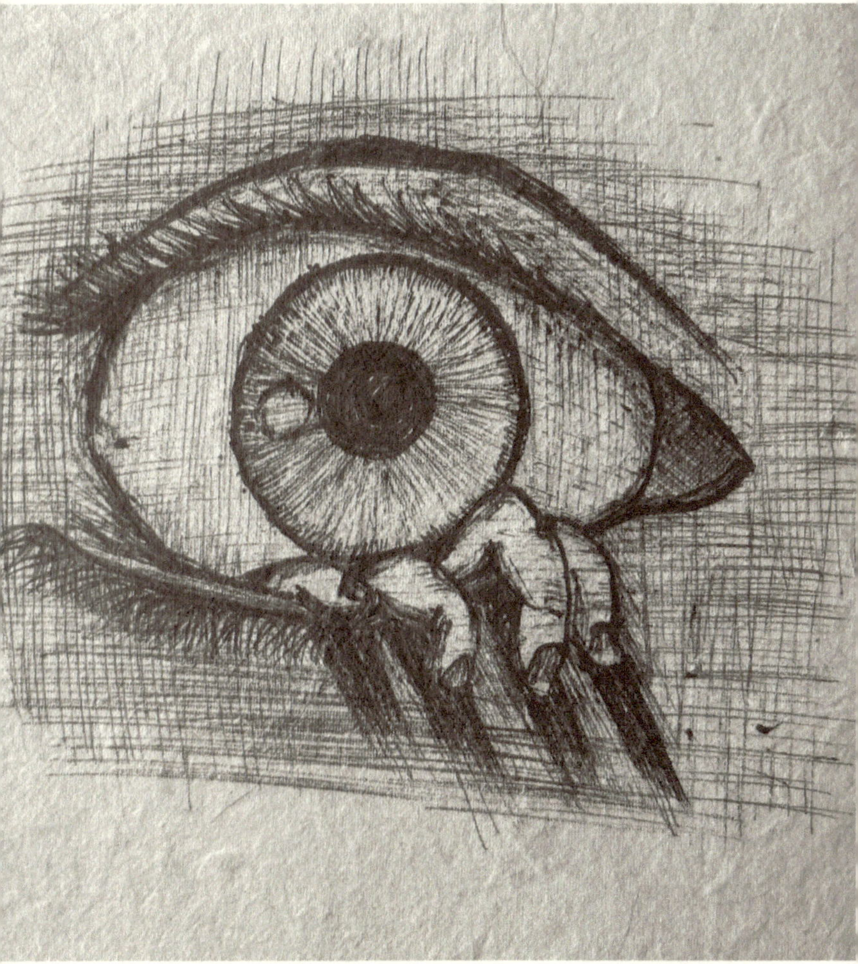

वाक़िफ़

खुश नहीं हूँ, इतना भी।
तुम्हें ये बताऊँ कैसे,
एक समुंदर रहता है अंदर मेरे,
इसे आँखो में लाऊँ कैसे?

हसीन तुम, एक सुहाना मौसम लेकर आयी हो।
तुम्हारे शहर में अपनी सक्षीयत का,
तूफ़ान लाऊँ कैसे?

तुम हाल-ए-दिल पूछती हो,
मेरे ज़िंदा दिली का।
सालों पहले एक क़त्ल हुआ था,
कहानी में मेरी।
तुम्हें ये खबर सुनाऊँ कैसे?

कुछ बताना चाहता हूँ तुम्हें,
ये तुम्हें बताऊँ कैसे?

11

किसी सख्श पर तेरा दिल लगे,
और दिल वो तेरा तोड़ दे।
हाथ पकड़ वो तेरा,
तेरे साथ चले।
तुझे देखे एक लम्हे तक,
हंसे फ़िर अपना मुँह मोड़ ले,
और कुछ यू साथ वो तेरा छोड़ दे।
ख़ुदा करे तेरा दिल लगे,
और जिस पर तेरा दिल लगे
वह तेरे दिल को मसल के तोड़ दे।
ख़्वाब दिखाए जन्नत के,
फ़िर जहन्नुम में लाकर छोड़ दे।
तेरी कजरारी सी आँखो से,
कतरा हर आंसू का निचोड़ दे,
तुझे ज़िंदगी भी न रास आए,
और मौत भी तेरे न पास आए।
हंसे या रोए, ये समझ न आए,
ऐसी एक कश्मकश में लाकर छोड़ दे,
ख़ुदा करे, तेरा दिल लगे,
और जिस सख्श पर तेरा दिल लगे,
वह दिल को मसल के तोड़ दे।

12

किरदार रहे तेरा मुझमें कुछ यूँ शामिल,
क़िस्सा मैं एक रूहानी हो जाऊँ।
काश! मैं तेरी कहानी हो जाऊँ|,
मुस्कुराहट बने मेरे चेहरे की तू,
मैं तेरी आँखो का पानी हो जाऊँ।

तुझसे मैं कुछ यूँ इश्क़ करूँ,
की मैं खुद इश्क़ हो जाऊँ।

शून्य सा रहूँ ज़िंदगी भर,
और जो तुझसे जुडूँ,
तो मैं एक हो जाऊँ।
तुझे महसूस करने की ख़ातिर,
मैं बरसूँ जो कोई बारिश की बूँद जैसे।
फ़िर किसी दिन, मैं एक से अनेक हो जाऊँ।
तुझसे मैं कुछ यूँ इश्क़ करूँ,
कि मैं खुद इश्क़ हो जाऊँ।

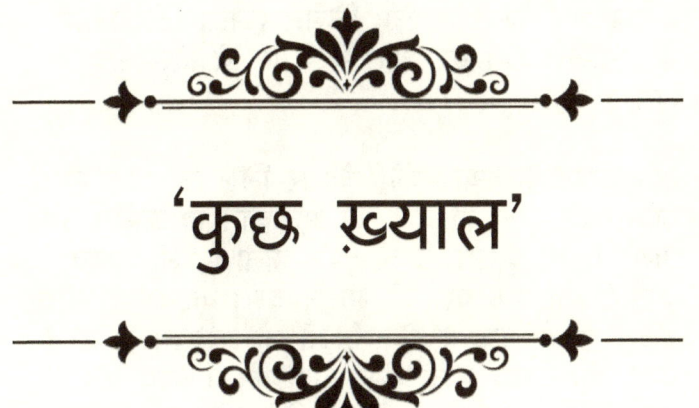

'कुछ ख़्याल'

हाँ, फ़िर इश्क़ नहीं होता।

वो जज़्बात, वो यादें, वो बातें, वो मुलाक़ातें तो होती है पर, फ़िर इश्क़ नहीं होता! थक से जाते है, क्या करें? पर ज़रूरी भी नहीं है इश्क़ करना। एक बार और, और हम करें भी क्यूँ? एक दफ़ा और मरे भी क्यूँ? बात ये नहीं कि कोई और सख्श हमें मिलेगा नहीं, कोई बेहतर। अरे! उस कमभक्त से तो लाख गुना बेहतर लोग मिल जाएँगे, जिसने हमारा दिल तोड़ने की साज़िश की। बस बात ये है कि ये दिल अब लगेगा नहीं।

और ज़रूरी है क्या? कोई बेहतर मिले तो इश्क़ हो जाना। वो बातें, वो वादे, वो मुलाक़ातें हो जाना। और अगर किसी बेहतर से ही इश्क़ होना है, तो शायद कोई रिश्ता एक पल को भी न चले। कुछ ऐसी सोच रखता हूँ मैं और ये ज़िंदगी भी तो मेरी है। ज़रूरी है क्या, कि दुबारा इश्क़ करूँ। नहीं करना बस! और ये कोई ज़िद् नहीं मेरी, बस इस दिल की एक आवाज़ है, जो चीख़ चीख़ कर कहती है,
'अब और इश्क़ नहीं होता।'

मेरे इश्क़ को मेरे इश्क़ से इश्क़ हो गया।

वाक़िफ़

मैंने देखा उसे, मुझसे कुछ कदमों की दूरी पर खड़ी थी। जनाब! बड़ी, खूबसूरत लग रही थी।

मैंने देखा उसे, थोड़ी हैरान थी, थोड़ी परेशान थी, शायद किसी का इंतज़ार कर रही थी।
निगाहें वो उसकी, उन राहों पर टिकी थी, पर मंज़िल मेरी उसमे दिख रही थी।

मैंने सोचा उससे बात की जाए, मुलाक़ात की जाए।
पर कैसे? मेरे ज़हन का ये सवाल था।
मैं मुस्कुराया, क्योंकि मेरे दिल को मालूम इसका जवाब था।

अनजान था मै उसके लिए, पर मेरे लिए तो वह मेरी जान थी।
दूर थी इन नज़रों से, पर इस दिल के तो पास थी।

एक सिक्का निकाला मैंने जेब से, और तय किया।
की अगर हेड आया तो, जाऊँगा बात करूँगा, मुलाक़ात करूँगा, भले ही थप्पड़ क्यों न पड़ जाए।
मगर टेल्स आया, तो जिससे निगाहें मिली है, उससे नज़रें फ़िर लूँगा और कुछ यूँ अपना पहला इश्क़ भुला दूँगा।

बस इतना सोच कर, मैंने वो सिक्का उछाला, पर लगा जैसे मैंने अपनी क़िस्मत को ही उछाला हो।
पर अब मेरे इश्क़ का जुनून कहूँ या दिल की घब-राहट, सिक्का कुछ यूँ उछाला की जाकर सीधे उस लड़की पर जा लगा और उसके कदमों के पास गिरा,

जैसे मेरी क़िस्मत का फ़ैसला मेरे इश्क़ से टकरा करके उसके कदमों पर जा गिरा।

मैंने अपनी नज़रें फ़िरा ली, क्यूँकि अगर नज़रों से नज़रें मिल गयी तो कमाल हो जाएगा, उधर कुछ हो या न हो, इधर बवाल हो जाएगा। मैं अभी भी अपनी तिरछी नज़रों के कोने से उसे देख रहा था, उसने वह सिक्का उठाया और धीरे धीरे मेरी तरफ़ बढ़ने लगी। जैसे मेरी मोहब्बत मेरी क़िस्मत को अपने हाथों में थामे मेरी तरफ़ बढ़ने लगी। कदम दर कदम! कदम दर कदम! वो मेरे पास आने लगी और कुछ दो-तीन कदमों की दूरी पर जाकर रुकी और पूछा,

क्या ये सिक्का आपका है?

मैंने ज़वाब नहीं दिया।

फ़िर उसने ग़ुस्से से एक दफ़ा और पूछा,

क्या ये सिक्का आपका है?

बस तभी मुझे जो गलती नहीं करनी थी, मैंने वह गलती कर ही दी। मेरी आंख़े उसकी आंख़ो से मिल गयी, और शायद, हाँ शायद!

'मेरे इश्क़ को मेरे इश्क़ से इश्क़ हो गया'

बस हम एक दूसरे की नज़रों में देखे जा रहे थे, कि तीखी सी आवाज़ से मोटर बाइक आकर रुक गयी, उस लड़की ने मुझे सिक्का थमा दिया।

सच कहता हूँ, मुझे KTM DUKE से नफ़रत हो गयी। उस लड़के ने अपना हेलमेट उतारा और लड़की की तरफ़ देख कर, देरी से आने के लिए माफ़ी माँगी। वह लड़की एक दम से मुड़ी और उस लड़के की बाइक पर जाकर बैठ गयी। मैं उसे देखे जा रहा था, मेरी आंख़े तो खुली थी, पर मैं जैसे होश में नहीं था, जैसे बाइक स्टार्ट होने की आवाज़ सुन कर मैं हक़ीक़त से एक दफ़ा और रू-ब-रू हो गया। मैंने देखा उसकी तरफ़, वह लम्हा-लम्हा, मुझसे दूर जा रही थी। एक पल को लगा, जैसे मेरा दिल थम सा गया हो।

मैं उसे देखे जा रहा था, तभी उसने पीछे मुड़कर मुझे देखा, और शायद कहा कि देख तो ले उस सिक्के को जो हाथों में है तेरे। बस तभी मैंने अपनी हाथों की मुट्ठी खोली और देखा तो वो हेड्स था, मेरी ख़ुशियों का कोई ठिकाना नहीं था, मैं उछला, मैं नाचा और नज़रें उन राहों की तरफ़ मोड़ ली।

न मैं मुस्कुराया, न रोया, बरसात की पहली बूँद गिरी और धीरे धीरे बरसात के साथ,
'मेरी पहली मोहब्बत भी मेरी नज़रों से ओझल हो गयी'।

ये मुमकिन है, तुम किसी से इश्क़ कर बैठो।
पर ये मुमकिन नहीं, कि तुम जिससे इश्क़ करो,
वो तुम्हारे इश्क़ के लायक़ हो।

मैं क़ाबिल इतना की कामिल नहीं।
खुद से अधूरा, अगर तुझमें शामिल नहीं,
तू हिस्सा मेरी शख़्सियत का,
मेरे पंखों को तेरे बिन,
उड़ाने आसमानों की हासिल नहीं।
मैं क़ाबिल इतना की कामिल नहीं।
खुद से अधूरा, अगर तुझमें शामिल नहीं।

समंदर छुपा कर आँखों में,
चलो बरसात की बातें करते है।
शराब पिला दो मुझको यारों,
फ़िर दिल ए बर्बाद की बातें करते हैं।
तरसा है महताब मेरा, आफ़ताब को तेरे,
क्यूँ न इनकी मुलाक़ात की बातें करते हैं।
ख़ुशियाँ बाँट लेना जमाने से तुम,
हम दो मिले हैं, तो बुरे हालातों की बात करते हैं।

हमारी तबाही का मंजर कुछ यूँ है जानिब,
कि हम तबाह होकर भी तबाह होना चाहते है।

मेरी शख़्सियत पर हँसती दुनिया सारी,
मैं वो परिंदा जो डरता है आसमानों से।

थोड़ा सहम सा जाता है, ये दिल मेरा।
बे-दस्तूर ख़्वाबों की ऊँची-ऊँची उड़ानो से।
पंख खोलूँ अपने, ऐसी ख्वाहिश नहीं मेरी,
क्या हैना मैं घबराता हूँ गिर जाने से।

मेरी शख़्सियत पे हस्ती दुनिया सारी,
मैं वो परिंदा जो डरता है आसमानों से।

ज़रूरी नहीं कि इश्क़ ही किया जाए,
तरकीबें बर्बाद होने की और भी हैं।

बस शांत रहे और मुस्कुराते रहे,
कुछ यूँ हम ज़िंदगी को जीना सिखाते रहे।

इस उम्र का तालुकात नहीं ज़िंदगी से मेरी,
ये तो तजुर्बे हैं मेरे, जो कहानी मेरी बयान करते हैं।

गुमशुदा ही रहने दो, इस मुसाफ़िर को राहों पर,
ग़र कहीं, किसी मोड़ पे मंज़िल मिल गयी।
तो सफ़र उसका वहीं खत्म हो जाएगा।

मच जाता था जिसके कुछ कहने से ही बवाल,
आज वह शांत है, यक़ीनन बात ज़रूर कोई गहरी होगी।

मुक्कमल था हमारा वह इश्क़, मेरे उस अधूरे से ख़्वाब में।

ढूँढना साया मेरा फ़िर तू धूप में, जैसे अक्स मेरा हर रूप में।

कुछ इस तरह बदला हूँ, ये दुनिया देखकर।
कि रिश्ता तो अब मेरा सबसे है, पर वास्ता किसी से नहीं।

अटकी सी रह जाती है, नज़रें बारिश पे मेरी।
मगर इन आँखों को अभी भी भीगना नहीं आता।

सबक़ सिखा दिए जो ज़िंदगी ने अनजाने में,
किताबों में मिले नहीं, जो सिखाए इस जमाने ने।

बेवज़ह ही खुश रहते हैं हम, वजह ढूँढने की फुर्सत अब हमें नहीं।

बारिश थमी जो आँखों की,
चमक फीखी पड़ गयी चाँद सितारों की।
हर ज़ुबान पर मेरा नाम आया,
औक़ात क्या रही इन अख़बारों की।

वाक़िफ़

बस एक सोच नहीं बदली इस बदलते वक़्त के साथ,
बाक़ी तो सब जानते हैं कि, अब मुझमें मेरे जैसा कुछ शामिल नहीं।

टूट तो पहले ही चुका हूँ,
कि इश्क़ में बिखरना बाक़ी है।
सवार के इस दर्द को मेरे,
मेरा बस अब निखरना बाक़ी है।

सोहरत का ज़रा सा शौक़ चढ़ा है मुझे।
तू किरदार मेरा बदनाम बताना कहानी में तेरी।

मुस्कुराने की तरकीबें हज़ारों हैं,
दो चार तुझे भी सिखला दूँगा।
अगर मिले ज़िंदगी, तो मिलने आना ज़रूर।

क़ब्र पे मेरी शोर बहुत मचाया उन्होंने,
पर ये ज़िंदगी मुस्कुरायी और चली गयी।

ये इश्क़ है, बाक़ी तुम्हारे हक़ का।
मैंने वह दर्द की उधारी अभी तक चुकायी नहीं।

वाक़िफ़

क़तरा-क़तरा ही सही बधूँगा ज़रूर,
अकेला हूँ तो क्या? लड़ूँगा ज़रूर।

बग़ाबत नहीं इबादत बन जाएँगे,
अल्फ़ाज़ मेरे किसी की आवाज़ बन जाएँगे।

बिल्कुल आईने जैसी है शख़्सियत मेरी,
तू जैसा है, कुछ वैसी ही है फितरत मेरी।

मरहम ढूँढने जो गया मैं मुसाफ़िर घर वापिस,
ज़ख़्म अपनो ने, एक और मेरे नाम कर दिया।

आज मोहब्बत को बदनाम करते हैं,
चलो हर नज़्म को उनके नाम करते हैं।
बड़े खुश नजर आते है ये मुजरिम हमको,
चलो हम भी एक गुनाह सरेआम करते हैं।

काश ये सब बस एक सपना होता
खोया जो मैने वो अपना न होता
एक और झूठ से, छुपा लेता मै खुद को
बस जो दिख रहा है, वह सच न होता।

समा के मुझमें तू मुझे ही राख बना दे
क्या है बुझा के तुझे मुस्कुराने की मैं हिम्मत करूँ
इतनी औक़ात नहीं मेरी।

ये जो भूल चुके हो मुझको, तुम मुस्कुराते हुए,
अब जो रुसवाई कभी मिलने आए, तो याद मत करना।

मेरा परिचय

ज्यादा कुछ नहीं, बस आप सभी की तरह ही हूं।
किसी का दोस्त, किसी का बेटा, किसी का भाई तो
किसी का प्यार हूँ।

किसी के लिए सूरज की पहली किरण जैसे एक उमीद,
तो किसी के लिए एक बुरा ख्वाब।

और खुद के लिए क्या हूं? कोई ये पूछे तो बस इतना
ही कहूंगा कि,

मैं बस एक किरदार, एक किस्सा, एक कहानी हूँ।
अगर मिला किसी की जुबान पर,
तो उसकी ज़िन्दगी में मिलूंगा नहीं।

वाक़िफ़ क्या है

साँझ जैसे ढलते सूरज की रोशनी हो,
और आने वाले चांद का इंतज़ार।
गुजरते दिन की मुस्कुराहट हो या,
सितारों से सजी रात का पैगाम।
बस कुछ ऐसी ही है ये किताब 'वाक़िफ़'
मेरे द्वारा लिखी कुछ चुनिंदा कविताओं और कुछ ख्यालों का संग्रह।

www.ingramcontent.com/pod-product-compliance
Lightning Source LLC
LaVergne TN
LVHW041626070526
838199LV00052B/3259